El óxido de la luz

Este libro ha sido impreso con papel 100% reciclado.

lasturaediciones.com
info@lastura.es

Colección Alcalima, n.º 230
Dirige la colección: Isabel Miguel

Editado en Madrid, España.

Primera edición: febrero, 2024

Depósito Legal: M-1315-2024
ISBN: 978-84-127936-5-9

Impreso en Antequera, Málaga (España)

Pablo Malmierca

EL ÓXIDO DE LA LUZ

COLECCIÓN ALCALIMA DE POESÍA N.º 230

1

Navegan los cielos del otoño en catafalcos de piedra

Poema de amanecida

Tirita el monte,
crepitan las ascuas del roce.
Se emborrachan los hilos de la lumbre,
llaman en lugar de llorar.

Construyen lápidas de cobre,
puertas de brea,
zapatos con las esquirlas del aire que respiran.

Al amanecer,
la reconstrucción de las sombras
mostrará los senderos
del último viaje.

La luz, el vuelo,
la verticalidad del páramo,
el grito de las cornejas,
el aroma de las sienes.

Todo recuerda
al ansia de seguir unos pasos.

Siempre fue el momento de todo

Hubo un tiempo en que el mundo fue desprecio,
girar la vista hacia otro lado
para no ver las lápidas del olvido,
                    las brasas de la tierra,
                    la mordedura de la mangosta.

Hubo un tiempo de pánico
donde las libélulas
devoraban medusas.

Hubo un tiempo de rechazo,
la mente atravesada por el ruido,
el odio sobre los huesos
y la carcoma de los brazos pegados al cuerpo como losas.

Hay un momento
donde todo cambia
donde se deja de mirar hacia la nada
donde la vista se hace puentes.

Hay un momento
para la convergencia del tacto y el ocaso.

Acarician las manos sin verlas

La fatiga de la amaurosis
un mundo sin formas
la desproporción de los colores.

El gris permanece,
el despertar
en la contemplación del ciclo de las nubes.

El deseo de la inconstancia
vive en el borde del trasiego
al límite del vuelo sobre el precipicio.

Una carraspera entregada a las manchas del presente
intenta hablar sin ver.

Se alza el olfato
hacia el trino sordo de una mula.

¿Quién será capaz de acaparar la voz y la mirada?

En la negación se encuentra la salida

El sueño vaticina la calma,
los nervios bajo la piel,
fosforescencia hacia la muerte.

Una nueva necesidad:
la quietud en la demora.

La esperanza de la partida,
acabar con un débito que nunca tuvo referencias,
saciar la sed
en el abrevadero de lo efímero.

La arena deshace las olas,
los pies se hunden en los restos de las rocas,
absorben el infinito hacia la nada.

Se arranca los últimos jirones de piel,
es la necesidad de sobrevivir,
reinventa la vida,
letanía grave de gaviotas.

Camina en el aleteo,
se estremece.

En el delirio de la inacción el regreso

El parpadeo del lepidóptero,
la mirada de un anciano,
la queja de la última esperanza.

Amanece entre escombros de grandeza,
delirios en el sótano.
Las palabras, eco desgastado,
deseo de metamorfosis.

El tiempo transcurre en su inexactitud.
Una prueba de cordura,
un hilo de recuerdos donde encontrarse,
un lugar donde los brazos no sean aire.

Se perdió y te recuperó
en el vaivén de una luna
atrapada en lámparas de lava.

Dispar entre semejantes,
la extrañeza del corrupto.
Una polilla avanza hacia la cordura.
La noche toca a su fin
o es el día que añora su oscuridad.

Vuelve entre palabras
no abandones el susurro de la inacción,
unas manos dejaron de escribirte.

El regreso se abre a cada amanecida,
la nodriza del tiempo espera su oportunidad,
dejad que os atrape…

Nombrar

Arde el cielo
y nombro aire,
muere el tiempo
y ruge el ansia.

Parco en palabras
atrae el día
la querencia oculta de la noche.

Roto el cristal opaco
la vida
queda entre sus huecos.

Baile de sombras
en los intersticios de tus dedos,
juegos de luz
al otro lado del movimiento.

Vivo entre dentelladas de acero,
entre brazos de musgo,
al abrigo de sentimientos de plomo.

LIMPIA LOS OJOS ANTES DE CONTEMPLAR EL OCASO

Os habían dejado libres
a la espera de un futuro.
Os querían aullando
sobre el fragor de unos labios.

El desprecio de la carne.
La caída de unas manos
hacia el infinito de la compasión.

La lejanía de las palabras huecas,
moscas sobre la miel.

Apacigua el olvido,
harto de contemplar
la furia del ocaso.

Se limita a mirar,
intuir resplandores.
El estremecimiento de los nervios
lavados con lejía y salfumán.

El ansia se reseca fruto de la sequía.
La ausencia de promesas
se convierte en latido desacompasado.

La denuncia en el grito del grajo,
la presencia del vacío,
el clímax de la nada.

Buscar el día sin encontrar la noche

Perseguir la luz,
invocar ausencias,
los ritmos se asocian a la melancolía.

Echar de menos,
en la intensidad de la lejanía
el amanecer roza los astros.

Buscar el fulgor de una roca,
la quietud de las jaurías,
la tranquilidad que atenaza.

El fuego del caleidoscopio
cae sobre la insensatez del mundo.

Persecución,
huir tan lejos
como te permitan sus branquias.

Obligado a pernoctar
bajo la sombra de un ciprés.

En la frontera de los epitelios
aposentar el cuerpo,
a la espera de un tiempo disforme
donde los destellos
se aproximen a la noche.

Identidad

Querer vivir en la inseguridad
del ascenso de la palabra,
desear no aposentarse
en el fondo de la miseria.

Añorar la presencia
de una sombra en el espejo,
buscar la quietud sonora
en los ecos de un pensamiento.

Vivir en el espacio
donde el fulgor
no atraviese las caricias.

Dejar el corazón
a merced de las estrellas.

Presentir la vida
que se escurre por los muros
de un sol incandescente.

Merecer la compañía
que arrastra esta soledad.

La inseguridad de ser,
dejar de reflejarnos en los escaparates
de las noches centrípetas.

Ante la grandeza
de otras evanescencias
convertirse en garantes
de la propia cordura.

Arder de esperanza

Todo es fiebre a la orilla de las sombras,
espejismos del abismo,
el frío en el invierno de los lagos.

En los fragmentos del espejo
nadie contempla
la realidad de los sueños.

La niña difusa
que patalea sobre la placa de hormigón.

Extender una mano
en busca de extremidades de humo,
solo existen en el centro del glaucoma.

Un grito de ahogo,
la sensación de auxilio,
nadie puede asir
el extremo de un aliento gélido.

Falanges de niebla
recorren el cuerpo
en busca de la incorruptibilidad de la carne.

Una boca
besa
la esperanza de un futuro por conformar.

Vivir en la mentira

Las paredes de la mente
resuenan
tras el eco
del paso homicida.

Crear monstruos
a nuestra imagen y semejanza,
trasunto de beldades
en unos labios muertos.

Vender pureza,
las dudas que corroen
son la seguridad del ignorante:
el vuelo de la mirada.

Aves negras
rozan la siniestra de la percepción,
en la destrucción y la deriva
observar el pálpito de la mentira.

La voluntad se disuelve
en la efervescencia de la culpa.
Saber que no te perteneces,
saber cómo el espejo cóncavo
devuelve la imagen del desasosiego.

Esconderse es la solución al vacío.
Exponerse, la pérdida de la verdad.

Retrato

Arena en el plato,
herrumbre en el pan,
el agua como la turba.
La mirada en las pupilas de una muñeca.

La locura asoma
sin prestar atención al paso del cometa,
una voz en la lejanía
resbala en la ventana.

Vestido con los andrajos de la ira,
inercia,
en una silla de musgo
busca identidad
en el fragmento de un espejo.

La noche devuelve una imagen:
la corrosión de la vida.
Un rostro comienza a deshacerse
entre manos de nácar.

Sin comprender
el corsé de lo aprendido,
acercar los brazos,
abrazar los vientos.

La dificultad del camino.

Sin título

Asombra el día
al tacto del amanecer.
Sombras ridiculizan manos,
el cemento de la edad.

Miradas,
labios sedientos,
piden no olvidar el amor.

Dejar imágenes
donde los peces ajaron la percepción,
el óxido de los ciervos heridos.

El recuerdo es fértil
sobre la superficie lunar,
la mente dulcifica el dolor
de las piedras en gusto.

Fue tangible el contacto de la mano,
sentidos que ya habitaban otras mesetas.

El rumbo nunca será definitivo,
unos pasos que se adaptan al ocaso,
la eternidad.

Necesidad

El arcoíris como dogma de fe.
Así el asombro de una voz.

El mundo desde el espectador
fragmenta los latidos de la lluvia.
La ansiedad sobre el jazmín de unos párpados.

El aroma a sándalo e incienso
impregna los latidos del porvenir.
Siempre es más tolerable el horizonte
que desconocido se pliega en la noche.

Necesidad de creer en ti,
los nombres se deshacen en el pálpito de una estrella;
necesidad de reconocimiento en las palabras no dichas,
en la respiración que se posa en las sienes.

Necesidad de creer en ti,
para alejarse de pasos en falso,
para volar hacia el amanecer que reconoce.

Necesidad de reconocer las promesas,
en el tiempo que retuerce unas manos,
en nuestra propia necesidad de existir.

Labios

Si el aislamiento retiene barrotes de ira,
si la letanía nos creó como somos,
¿por qué abandonarse?

Fue la deriva que se descubre en los océanos,
en la quita de los cielos incólumes,
en la promesa de las profundidades.

Arrancar con los dientes
el cebo que se deja en las heridas,
la verdad atrapada en el temblor de unas manos.

Ahora, el reflejo en la pantalla,
la mirada perdida en un infinito
donde no hay restos de estigmas,
quistes en la pupila seca.

La emoción del pasado
queda entre respiraciones de salitre,
entre la hilatura de las palabras,
entre la distancia que impide crecer.

La verdad siempre estuvo ahí
a pocos centímetros de los epitelios.

La ceguera no quiso alejarse.
Negativos del pasado subvierten un futuro sin nombres.

Devorados por la salinidad
sobreviven al borde del pasado.

Y el sonido de una voz,
la lejanía de una ausencia,
la implosión de un recuerdo.

Non serviam

Subtítulos en la neblina,
inasible pasado en tus manos,
la oscuridad del lenguaje
deja posos en las costras del adiós.

Siempre en busca del vuelo,
de la alteridad en la caverna,
de la respuesta de la tumba sin huésped.

Subviertes las tendencias de la vida
hacia la tangente del dolor,
hierven las ampollas
de tu continuo pasar.

Nada llama
salvo la incredulidad.
Vendes tu lejanía
servida en la mesa de un restaurante de carretera.

Opúsculo perdido
de días que pasaron sobre las venas del deseo.

Esclerotizada
vives o mueres
al ritmo del balanceo del reloj.

Sed

Siempre están las razones
para quedarse solo
tras las mentiras de vidas ajenas.

El otro
transita
entre las ruinas de un sueño
que nunca le ha pertenecido.

Sin saber qué somos
solo las caricias consiguen emanciparnos
de los barros que pisamos.

Sin saber si estamos
nunca quisimos irnos,
las fotografías envejecen
prendidas a famélicos galgos.

La miseria es confesar
la sed de luz,
cuando es la oscuridad
a la que imploran los deseos.

Exceso

Exceder los límites de la carne
tras la impostura del deseo.

Exceder los límites del corazón
en busca de un ideal sin definir.

Exceder los límites
por el valor de una moneda.

El equilibrio en las palabras de un niño,
el afecto en una caricia sin dueño,
la honestidad en una mirada sin mentiras.

Anhelar lágrimas que rebosen tu sonrisa.

PRECIPICIOS

Mirada de acantilado
divide en tantos fragmentos
que los días se alargan sin tregua.

Las olas golpean en la espalda
con la fuerza del grito de los peces.

Los sentimientos
caen sobre la última luz.

Bate la marea:
una pérdida,
una espera,
el ciclo de las horas sin amor.

En el tacto
el reducto de la felicidad pasajera.

En los ojos el fondo de un precipicio.

Espinas

Clausura el cielo
el lamento del abandono;
un rastro de esperanza
yace sobre la brea.

Ninguna mujer será la madre,
ningún hombre, el carcelero.
El canto supera las rejas del olivo.

La fragancia de romero
pasa entre los pies sin rozarlos.
Querer que el mundo
se impregne de deseos de futuro.

Llueve sobre el dolor
de la sangre de un tiempo
que nada tiene
salvo el poder del dinero.

Los hogares huecos,
con las ganas de cantar
colgadas de las perchas,
con los sentimientos
en el fondo de la alacena.

Construir el camino hacia la salvación,
estrechar la distancia ante la muerte.

(...)

El tumulto del origen:
sonidos golpean en la sien,
agrietan el suelo a su paso,
cráneos a punto de explotar.

Silencio:
las ramas de los álamos entrechocan,
las astas de los ciervos crujen con el viento,
globos oculares arden en procesionarias.

Quietud:
la sangre hierve en cuencos de espuma,
la realidad deviene el aroma de un narciso,
manos llagadas.

El cuerpo expone sus memorias:
la risa, la convulsión, la senectud...

Destino:
la muerte visión del futuro,
el presente deleite de vivir,
secretos del pasado.

Ulular

Entre el aullido de los lobos,
el cielo ofrece la excusa
para recuperar las palabras no dichas,
la risa de las hienas.

En una prisión de aire,
la verdad se aposenta
sobre los raíles de la lejanía.

Célebre en las derrotas,
ausente en el pálpito de la cercanía,
no queda más que el silencio.

La indigencia del espíritu
dibuja espirales de fuego en las pupilas.
La resistencia quebranta
con su ritmo monótono
el futuro del tacto.

El miedo destruye la vida.

Hay tantos caminos sin recorrer,
tantas espinas donde aposentarse,
un lugar sin habitar,
el ulular de las lechuzas.

Hambre

El hambre de sentir indiferencia,
el hambre tan profunda…

Un buitre,
carroña en las entrañas,
en lluvia de vacíos
esparce las caricias.

El hambre de decir adiós sin horas
para coser los labios a unas manos,
ser sin distancia.

El hambre alimento del muladar
donde reposa la hiel,
restos de una frustración.

El hambre testigo torpe,
una lengua en el polvo, sed de palabras,
días sin estrellas, noche sin sombras.

La perfecta oscuridad,
el hambre de ser en un solo cuerpo.

Paternalismo

Queda el gorjeo del metal,
del gregarismo metamorfoseado en insecto,
las miradas destilan
la dejadez del insomnio.

El mordisco de la araña
deshizo el tacto
en veneno.

Nada es peor:
la ceguera en la yema de los dedos,
la incomunicación de lo rígido,
el precipicio de la conversación.

Libélulas de piedra protegen la huida,
brujulear entre campos de colza,
el viento desoye los lamentos,
el sol deja rastros de ámbar en las manos.

Las vidas divergen en líneas paralelas,
fluctúan las querencias
entre soledades enquistadas.

Toda miseria
es preludio de una sinfonía de catástrofes.

Todo pasa
excepto el ansia de la búsqueda.

In der Palästra (Sopor Aeternus)

Asoman en los músculos
marcas de belleza y dolor,
espejean reflejos de oro y plata
sobre la piel transparente.

El pie izquierdo gira a la derecha,
el pie derecho se vuelve siniestro.
El tuerto perdió la perspectiva,
la depresión mutila los afectos.

La misantropía y la imposibilidad
se unen en un abrazo sin destinatario.
El aire representa el vacío de una búsqueda sin límites.

La bola de cristal muestra el pathos,
la comunicación escrita en los muros de la vergüenza.

Huir de ti,
                    huir de mí,
huir de ellos.

[Soledad]

Plata

Poder rutear entre despojos
camino del ofertorio diario,
letanías sobre el lado oculto de la luna,
trapichean con sus sentimientos
en el fin del mundo.

Espíritus de la noche
que acompañáis el quejido de los cuervos
dad el poder de sobrevivir
a la sequedad del abrazo de los árboles.

Todo es lejanía
sobre la blandura
que queda en la memoria.

Saciados de sombra y mar,
el agua resbala en el espacio
que dejan los intersticios de las palabras.

Plata y electricidad
tras el deseo que amputa los sentidos.

2

Regresar a la esdrújula luz de la noche

Repetición

La transversalidad del tacto:
el quejido de los capilares
al contacto con la yema de unos dedos.

Es imposible intuir el fin del atardecer,
la quemazón de la luz moribunda,
la ambrosía del sortilegio.

Acompañan señales y signos
escarificados sobre la piel,
cicatrices del amanecer.

Si el perdón hubiera echado raíces
en realidades que asoman en la oscuridad.
Si encontrarse
dependiera de todas las noches en vela.
Si este letargo
no fuera más que el canto de una ballena jorobada.

A qué esperar
para acontecer en el instante,
para envolver las noches en sendas de lino,
para convertirse en aroma de los lirios.

Esperanza

Dos habitaciones al fondo del pasillo
presagio de la belleza de lo oculto,
un paseo en la oscuridad,
el cobijo de lo obtuso frente a la gratuidad de la luz.

Miles de estancias
destellan cientos de estrella fugaces,
sobre el suelo la ceniza no duerme.

No existe el perdón para el proscrito.
La sed de velocidad impele la rutina,
al adiestramiento del ojo,
a la imagen repetida hasta saciarnos.

En lo más profundo del cuerpo
laten capilares aún por descubrir,
el goce de una belleza por vislumbrar.

Ingrávido

Dichoso aquel que busca la luz
en los ojos de una araña.

Dichoso aquel que encuentra la claridad
en la membrana de una medusa.

Dichosa la oscuridad
que se refleja en el rocío de la madrugada.

El frío
convierte las venas en hielo,
sin más solución que fracturarlas
ante su soledad.

El amanecer viajaba
junto al viento de la muerte,
vaticinios de falsas promesas,
el fin de la noche a su espalda.

Dichoso aquel que transita sus días
con una mortaja en los ojos,
de él será la mentira.

Dichoso aquel que en su palabra
lleva la máscara de sus antepasados,
de él será el reino de la incongruencia.

Buscar en la miseria de la oscuridad
un resquicio en el que aposentarse.
Buscar en la pobreza de la noche
la riqueza de una luz intermitente.

Profunda es la desdicha
de quien añora la virtud del éxito,
pues la superficie atraerá su absoluta ingravidez.

Huida

El hielo de la calzada
resbala
hacia los abismos que franquean el camino.

Falla la luz,
ceguera,
ver a través del murciélago que acompaña.

¿Por qué huir?
Si los ábacos nunca llegarán a contar hasta cien.

¡Silenciadnos!
Los cuervos hablarán por todos nosotros.

El paisaje a la siniestra
es más tentador,
ofrece los opúsculos de la memoria.

Las ruinas
irradian un sol de medianoche,
la senda es clara,
el destino, no tanto.

Fracaso

Tan débil como el borboteo del aceite
resistir sin paciencia a la derrota.

El mundo se desenvuelve
entre paredes
que no dejan de oprimir.

Convertirse en el vagabundo
sin más destino
que rutear entre pasos borrados en la nieve.

Una llamada de socorro
en las sombras de la puesta de sol,
la noche traerá noticias manidas por la canícula.

Los poros exudan la plegaria de una nueva vida,
la voz el exabrupto de lo viejo.

En busca de un vuelo perpetuo,
dejarse engañar por la desidia del destino.

Todo es ahora, nada mañana,
el azar impone su ley,
sin albedrío no hay fractura.

En el reposo de la duda,
el veneno de los pájaros
y la esencia de los días aciagos.

Comprensión

Se acaban los lugares.
Aves migratorias del consumo
intentan llenar el hueco de los muros.

Se persigue la experiencia
al límite del regreso.
A lomos de aurigas de barro,
deglutir carcomas,
allí naufragan los delirios.

La inmediatez acosa con su barbarie,
la lujuria de los sentidos
contamina las vivencias.

Hebras de oro cosen los labios,
la libertad huye en forma de vacío.

Ansias de crepúsculo.
Penden luces del cielo,
acechan cascotes sobre la noche perpetua.

La vida se encamina hacia la nada.

Sin título

Sobre la lentitud de los muros
golpean lágrimas de incomunicación.

Absortos en la cavidad del trueno
rinden su voluntad de papel
a la voluble voluntad de lo oscuro.

Las nubes presagian la salinidad de la roca,
con la boca pegada al suelo
ya no se distinguen los días.

Buscar en el tropiezo del ocaso
el sabor de los huesos,
solo la oquedad de la tierra
muestra el pasto de la locura.

Aquello que salva
se aposenta en la música
del aroma a cromo y lavanda.

TODO LO DEMÁS ES PERFUME

Instalados en la saciedad,
sobre la opulencia del vacío,
perder el olfato.

Entre una miasma de perfumes baratos,
los sentidos
viven el continuo engaño de lo positivo.

Ha llegado el momento de preguntarse
por la inflamabilidad,
si somos objetos fungibles
perfectamente obsolescentes.

¿Somos en la imperfección de la compañía
o en la soledad sonora que acompaña?

Ofrecerse a la luz
cuando la verdad se aposentó en el ala de un cuervo.

Aguijonean tus ojos

Los tambores percuten la piel,
el ritmo hastiado del destino
deriva en confusión melódica.

En la noche
las luces dejan su olor a fracaso.
En los ojos
la zarza ardiente del deseo.
No quedan rastros de fe en la mirada,
no se puede buscar la verdad
en el resplandor de unos latidos,
el hambre sin saciar
de las manos en busca de esperanza.

En la noche
buscar el principio de la luz cegadora.

CAMINO

En la inmundicia del orden
esperar la siega del ocaso.

Buscar un atisbo de paz
tras el incendio del deseo.

La luz era el presente,
el ofertorio incluía un cuerpo,
un gemido, un grito,
indicaban el camino hacia los frutales.

El jardín de las maltrechas querencias,
el estanque donde habitan los sapos.
Una fina grieta en el cielo
marca la estancia hacia las olas.

Sensación de ausencias

¿A quién corresponde esta sensación de ausencias?

Defrauda exquisita la frialdad,
todas las presunciones
alojan un perfume de carámbanos.

La cencellada se aposenta
en los tallos salvajes de la carne.

El blanco anuncia la muerte,
un silencio sin transiciones al olvido.

Hiela en los ríos de la pérdida,
envuelto en sirgas de nieve y cinchas quebradizas,
gritar la palabra que no se posa.

El ambiente aluciando del éxtasis,
un instante en el poso de la locura.

¿A quién corresponde esta sensación de ausencias?

Golpiza

Persigue la abigarrada luz
el poniente del cuclillo,
el gorgojeo sin sentido
del canto hacia los vientos.

El aspecto atenaza,
en orden maniqueo,
la última brizna de oscuridad,
semilla posada por la luz en las eras.

Celemines de lluvia
regurgitan esparto sobre la esperanza.
Un bufido mesetario de milenios
ahoga la vida en femenino.

Neolenguaje

Todos los cristales rotos
conducen a memorias sin experiencia.
Tan próximo
el cañón del revolver sin percutir.
Comunicarse sin entender,
no querrá hablarte de sus retrocesos.

El tiempo explota en las manos,
tan lejos de las palabras,
tan absurdo como el éxito impostado.

La violencia en la pantalla
seduce las imágenes.
La boca hiere con forma de cuchillo,
la esperanza sobre el campo de batalla.

La empatía se disemina
víctima de la velocidad y el erotismo.

Mística

Unas manos escudilla de mis lágrimas.

Sobre los montes,
la ignorancia forma certezas.

Afloran brotes de espliego
en los bordes de la espalda,
briznas de pan blanco
en las comisuras de los labios.

Los quejidos del desconocimiento
deshacen el amanecer
en hilos de ocaso.

La luz muestra el contorno de los cuerpos,
solo el tacto contempla
aquello oculto a la oscuridad.

Desear traspasar la lejanía de las estrellas
en busca de reliquias de belleza.

Se desmoronan las certidumbres
en el desconocimiento del rencor.

Tras el polvo de los pies
un niño vive entre aromas.

Desasido de toda certeza
la oscuridad rodea,
entre lo onírico y el trauma,
aborrecer toda creencia.

Sembrar petunias y lirios en el aire,
unas manos palpan la nada
y un sonido de crótalos martillea la esperanza.

Tras los arbustos arde la materia.

Separación

Ella dijo: «no vuelvas más».

Los rastrojos ardieron de indeterminación,
el cielo quiso cribar el cieno de los ojos.

Él dijo: «quédate conmigo».

Tras las formas de los montes
otros caminos se dibujaban.
En la tolva quedaron las dudas más pertinaces.
Purificados de ausencias
alcanzan a ver el sentido del vuelo de los vencejos.

Todo es verbo en las señales del ocaso,
todo queda expuesto al amparo de la mentira.

En el desconocimiento
está la causa de la materia.

Aquello que ser

Si pese a tener la luz frente a nuestros ojos
fuésemos ciegos a las estrellas.

Si nos creyésemos tan fuertes
como nunca fuimos.

Si aunque pidiésemos ayuda
desde el fondo de las aguas de unos labios
nunca nos llegáramos a ver.

Si no supiéramos quiénes somos
excepto un golpe de claridad en el cristal.

Si el olvido no tuviera más razones que un latido
de materia muerta.

Si los destellos de lucidez
no fueran más que unos dedos
apagando la claridad.

Todo es luz

Arde en las manos la soledad luminiscente,
la luciérnaga pasa sin detenerse
en la contemplación de unos pasos.

Todo cambia
cuando se ofrece la luz que supera la oscuridad.
Todo cambia
cuando te ves reflejado en el destello de un disparo.

La herida se agarrota
en el latido descarnado
que deja el zumbido de la lámpara.

Cada noche
la porcelana reflejada en el fondo del pozo
devuelve soledades.

El águila solitaria
se siente iguana en tu espalda,
extrañeza de un mundo
que resuena en la música del cielo.

Luz

Somos estrellas lactantes,
perseguimos retamas
impulsadas por el aliento de un ángel
ebrio de oscuridad.

Hijos eternos del ocaso,
deambulamos por una constelación apagada.

Enfermos por falta de luz,
consumimos el aire
que brota de la palabra de dioses eclipsados.

Negamos antorchas de luz,
el amanecer nos volvió ciegos,
partimos tras el hálito de una esperanza.

Un quejido agrietó muros de intransigencia,
la luz huidiza
será la respuesta al diálogo con los vientos.

Sin título

Al otro lado del hambre,
en la llave de la culpa
flota en el éter del ansia,
la divisa de la ternura.

En la oscuridad
que el viento desvela en su silencio;
en la luz del crepúsculo
fulguran rayos de claridad
que otorgan la vida y el anhelo.

Las mil caras de las sombras del dolor
preludian el final,
pero también el principio
que defenestra la rabia.

La resurrección de una caricia
nos devuelve la dicha
en la oquedad del silencio.

3

Como un balbuceo que intenta abrirse paso entre palabras ya escritas, tartamudear tras un lenguaje que constriñe la palabra y el aliento. Sin saber aún qué ser, nadar entre miasmas de mensajes que aturden y a la vez impelen en busca de una nueva forma de expresar el lenguaje de los cuervos.

Si los cuervos hablan a algunos con la palabra de dios, a otros simplemente con la palabra de los locos, de los que buscan arrancarle al lenguaje toda la cordura de la planicie, de la ausencia de luz. Como aquella que camina entre las nubes. Ausencia y pertenencia, amanecer y ocaso. Búsqueda incesante de la luz en la oscuridad.

ÍNDICE

Esta primera edición de *El óxido de la luz* de Pablo García Malmierca terminó de imprimirse en Antequera (Málaga) el 5 de febrero de 2024, fecha en la que se conmemora el nacimiento del poeta finlandés Johan Ludvig Runeberg.

ÚLTIMOS TÍTULOS DE LA COLECCIÓN ALCALIMA

199. *Rotura*, Fran Garcerá
200. *República*, Jorge Ortiz Robla
201. *Las esquinas de la Luna*, Luisa Miñana
202. *Postludio*, Miguel Ángel Yusta
203. *Los abrazos del mar / Os abrazos do mar*, Montserrat Villar
204. *Fábulas del perro viejo*, Agustín Calvo Galán
205. *Virtudes de la inercia*, Miguel Ángel Real
206. *Diarios del año de las moscas*, Alicia Louzao
207. *Morir en Iguazú*, Javier Díaz Gil
208. *Ser raíz*, Begoña Regueiro Salgado
209. *Honda memoria de mí*, Carmen Conde
210. *La fórcola*, Fernando Sarría
211. *El empeño del manantial*, Jorge Riechmann
212. *La lengua de mi madre*, Miguel Veyrat
213. *La serena estrategia de la luz*, Luis Ramos de la Torre
214. *En el reino de las gatas*, Marta Vusquets
215. *Baluartes y violines*, Manuel López Azorín
216. *Érase que se es*, Olvido Andújar
217. *Cautivos*, Mario Espinoza Pino
218. *Brecha sonora y vibrante*, Manuel Broullón
219. *Ubuntu*, Montserrat Villar González
220. *Con una alita rota*, Daniel María
221. *Borrosas pieles*, JM Barbot
222. *Luz dormida*, Nieves Álvarez
223. *El vertedero (en a)*, Juana Marín
224. *Desvestir el cuerpo*, Jesús Cárdenas
225. *Libro de loas*, Antonio Oliver
226. *Ex Patria*, Marietta Franco-Bourrellier
227. *La densidad de los números*, Luis Ramos de la Torre
228. *mortal*, Jorge García Torrego
229. *Un murmullo en Nueva York*, Elena Arribas Delgado

Consulta en nuestra web el catálogo completo.